I0705625

Le Retour de Trump

Le Retour de l'Amérique et Ses Conséquences Mondiales

Écrit par Jean Zamor Vs.01

Table of Contents

INTRODUCTION 1

LE RETOUR DE L'AMÉRIQUE ET SES CONSÉQUENCES
MONDIALES

Bibliographie

Le Retour de Trump et Ce Que Cela Signifie pour le Monde

La Victoire de Trump

En 2024, la réélection de Donald Trump à la Maison Blanche est perçue par ses partisans comme un puissant mandat pour ses politiques et sa vision. Portée par des promesses de renforcer l'économie, de prioriser les emplois américains et de renforcer la sécurité nationale, la victoire de Trump a reflété un large soutien à un programme axé sur la croissance économique et une présence plus affirmée des États-Unis. Ce moment représente un choix des électeurs américains de s'engager davantage dans une stratégie économique qui met l'accent sur la déréglementation, l'industrie nationale et un tournant par rapport aux accords multilatéraux.

Un Monde sur le Fil

À l'international, le retour de Trump a suscité des réactions partagées. Certains alliés expriment un optimisme prudent, notamment en ce qui concerne sa position favorable aux entreprises, tandis que d'autres s'inquiètent des impacts potentiels sur la coopération mondiale. L'approche de Trump en matière de commerce, sa philosophie "America First" et ses appels à une plus grande indépendance économique sont perçus comme des éléments pouvant perturber les marchés mondiaux et la diplomatie. En Europe, en Asie et au-delà, les dirigeants réfléchissent à la manière dont les changements de politique étrangère des

États-Unis pourraient remodeler leurs alliances, alors qu'ils se préparent à une Amérique plus centrée sur elle-même.

Pourquoi Cela A de l'Importance à l'Échelle Mondiale

La présidence de Trump va au-delà des frontières des États-Unis—c'est un changement qui pourrait redéfinir les paysages économiques et politiques mondiaux. Ses partisans soutiennent qu'une économie américaine plus forte aura un effet d'entraînement positif, pouvant stimuler les marchés mondiaux et accroître le commerce pour les pays prêts à s'engager selon les termes des États- Unis. Cependant, les sceptiques craignent des politiques protectionnistes et un engagement réduit envers les initiatives climatiques. En fin de compte, le second mandat de Trump prépare le terrain pour une recalibration du pouvoir mondial qui pourrait influencer les relations internationales, la sécurité et la stabilité économique bien au-delà de l'Amérique.

———

———

L'Amérique sous Trump — Le Redémarrage National

Politiques Intérieures Après l'Élection

Avec le retour de Trump, de nouvelles politiques nationales visent à stimuler la croissance économique et à restaurer l'industrie américaine. On s'attend à des réductions d'impôts visant à la fois les entreprises et les familles à revenu moyen, dans le but de stimuler la consommation et les investissements des entreprises. La déréglementation sera un élément clé de ce mandat, réduisant les restrictions sur des secteurs tels que la fabrication, l'énergie et la finance. La position de Trump sur les soins de santé, axée sur la réduction des coûts grâce à la concurrence, pourrait avoir un impact sur les marchés de l'assurance et l'accès aux soins de santé à l'échelle nationale.

Le Paysage Économique

Une promesse centrale de l'agenda de Trump est de revitaliser l'économie américaine grâce à des réformes fiscales et une réduction de l'intervention gouvernementale. Les économistes soutenant son approche prédisent un environnement favorable à la création d'emplois, à la croissance des salaires et à l'expansion de l'industrie. En abaissant les taux d'imposition des entreprises, l'administration Trump espère encourager les entreprises à rester aux États-Unis, stimulant ainsi la croissance dans des secteurs tels que la technologie, la fabrication et l'énergie. Malgré les critiques concernant d'éventuelles augmentations des inégalités de revenus, les partisans affirment que la croissance économique globale apportera des bénéfices à tous les niveaux de revenu.

Polarisation Sociale et la Division des États-Unis

Le style de leadership de Trump a historiquement dynamisé sa base tout en intensifiant les divisions politiques. La polarisation sociale sera probablement un élément central de son second mandat, les débats sur les relations raciales, les soins de santé et les droits de vote continuant de façonner la conversation nationale. Tandis que certains considèrent cette polarisation comme un défi à l'unité nationale, d'autres affirment qu'elle reflète une démocratie vivante où des opinions diverses ont leur voix. Cette division continuera probablement d'influencer les politiques sociales et l'activisme politique à travers le pays, chaque camp plaidant pour sa vision de l'avenir de l'Amérique.

Les Ondes de Choc Mondiales — Réactions Internationales au Retour de Trump

Réactions des Alliés et des Adversaires

Le retour de Trump à la Maison Blanche a déclenché une série de réactions de la part des dirigeants mondiaux. En Europe, certains dirigeants s'inquiètent de la possibilité d'un isolement accru des États-Unis et d'un soutien réduit aux accords multilatéraux. Tandis que des pays comme le Royaume-Uni pourraient accueillir favorablement la position pro-entreprises de Trump, d'autres nations de l'UE craignent des défis pour les politiques climatiques et les engagements en matière de défense. En revanche, des adversaires comme la Chine et la Russie voient la victoire de Trump comme une opportunité de renforcer leur propre influence mondiale, l'approche "America First" des États-Unis laissant un vide dans certains domaines diplomatiques et commerciaux. Malgré les réponses variées, tous suivent de près l'évolution des politiques de ce mandat, observant comment elles pourraient remodeler les alliances et les relations économiques.

Dynamiques de Pouvoir en Mutation

Le second mandat de Trump pourrait encore modifier les dynamiques de pouvoir mondiales. Son insistance renouvelée sur les politiques "America First" pourrait réduire la participation des États-Unis dans des coalitions internationales comme l'OTAN et l'ONU, obligeant d'autres nations à assumer des rôles plus importants. En Asie, la Chine pourrait chercher à renforcer sa position de leader, notamment dans le commerce et la technologie, à mesure que les États-Unis se tournent vers l'intérieur. Au

Moyen-Orient, les alliés traditionnels des États-Unis pourraient être incités à établir davantage d'alliances régionales pour garantir la stabilité. En fin de compte, l'approche de Trump pourrait conduire à un monde plus multipolaire, où le pouvoir est partagé par un éventail plus large de nations influentes.

Le Retour de l'Isolationnisme

Une caractéristique marquante de la présidence de Trump est sa préférence pour l'action unilatérale plutôt que les alliances complexes. Son retour met de nouveau l'accent sur l'isolationnisme, comme le montre son attention portée à la renégociation des accords commerciaux et à la réduction des engagements militaires à l'étranger. Pour les alliés des États-Unis, ce changement pourrait signifier moins de garanties en matière de sécurité et moins de soutien en période de conflit. Pour les pays qui ont traditionnellement dépendu de l'aide américaine ou de la présence militaire, les politiques de Trump signalent un effort pour devenir plus autonomes. Bien que cette approche puisse renforcer les frontières et les politiques internes des États-Unis, elle risque aussi d'affaiblir des alliances mondiales qui ont longtemps été cruciales pour la stabilité économique et sécuritaire.

Commerce Mondial et Économie — Un Nouvel Ordre Mondial

Les Guerres Commerciales Rallumées

Le retour de Trump pourrait intensifier la guerre commerciale entre les États-Unis et la Chine, alors qu'il renforce les politiques visant à protéger les industries américaines. Sa position sur les tarifs douaniers devrait se maintenir, avec un accent sur la pénalisation des pays qu'il perçoit comme tirant un avantage injuste de l'économie américaine. Cela pourrait signifier des droits de douane accrus sur les produits chinois, mais cela pourrait également s'étendre à d'autres partenaires commerciaux jugés bénéficiaires de déséquilibres commerciaux. Bien que ces politiques visent à protéger les industries américaines, les critiques avertissent qu'elles pourraient entraîner une augmentation des prix pour les consommateurs et des relations tendues avec des alliés commerciaux clés. Néanmoins, les partisans estiment que cette approche pourrait renforcer la fabrication nationale et stimuler le marché de l'emploi.

Chaînes d'Approvisionnement Mondiales

Le passage au protectionnisme risque de perturber les chaînes d'approvisionnement mondiales, alors que Trump encourage les entreprises à ramener la production aux États-Unis. Pour de nombreuses entreprises, ce changement signifie repenser des itinéraires d'approvisionnement et des partenariats bien établis. L'impact de ces politiques pourrait être particulièrement fort dans des secteurs tels que la technologie, l'automobile et le textile, qui dépendent largement des réseaux de fabrication mondiaux. Bien que cette incitation à la production nationale puisse donner un coup de pouce aux industries américaines, elle pourrait également augmenter les coûts de production et limiter la collaboration internationale, affectant tout, de la disponibilité des produits aux prix en rayon.

Reconfiguration Économique

Sous l'administration Trump, de nombreuses multinationales réévaluent leurs stratégies pour s'adapter aux nouvelles politiques commerciales et fiscales. Les entreprises dans les secteurs de la technologie, de l'énergie et de la fabrication sont particulièrement affectées par les changements dans les tarifs douaniers et les incitations à la production nationale. Si certaines voient un potentiel de croissance sur le marché américain, d'autres s'inquiètent de l'accès réduit aux talents internationaux et de l'augmentation des coûts opérationnels. Les partisans de Trump estiment que ces politiques revitaliseront l'industrie américaine, attireront de nouveaux investissements et réduiront la dépendance aux ressources étrangères. Cependant, les critiques soutiennent que ce réajustement pourrait nuire aux relations commerciales internationales et entraîner une volatilité économique à court terme.

Sécurité et Défense — Un Paysage Mondial des Menaces en Évolution

La Stratégie Militaire des États-Unis

Avec le retour de Trump, la stratégie militaire des États-Unis pourrait subir des changements importants. Connu pour défendre une armée forte et capable tout en cherchant à réduire la présence américaine à l'étranger, l'approche de Trump en matière de défense se concentre sur la protection des intérêts américains avant tout. Son administration pourrait privilégier la modernisation de la technologie de défense des États-Unis, comme les systèmes de missiles et les capacités cybernétiques, tout en réduisant les déploiements traditionnels. Ce changement pourrait signifier un engagement militaire américain réduit dans les conflits mondiaux, adoptant une approche plus sélective où l'intervention directe est minimisée, sauf si les intérêts nationaux sont en jeu. Les partisans estiment que cette approche permet de conserver les ressources et de renforcer la sécurité intérieure, tandis que les critiques craignent qu'elle ne fragilise la stabilité internationale.

Tensions Croissantes au Moyen-Orient et en Asie

Les politiques de Trump devraient avoir des impacts significatifs sur les régions où l'implication des États-Unis a traditionnellement été élevée, comme le Moyen-Orient et l'Asie. Au Moyen-Orient, une présence américaine plus réservée pourrait bouleverser l'équilibre des pouvoirs, les acteurs régionaux comme l'Iran et l'Arabie Saoudite s'ajustant aux nouvelles dynamiques. La position de Trump sur l'Iran — privilégiant les sanctions plutôt que la diplomatie — pourrait raviver les tensions, déstabilisant encore davantage la région. En Asie, sa position ferme vis-à-vis de la Chine, combinée à son soutien à Taïwan, pourrait accentuer les tensions en mer de Chine méridionale et en Asie de l'Est. Les alliés de ces régions pourraient être contraints de renforcer leurs défenses, ce qui pourrait augmenter les courses aux armements ou les conflits régionaux, en prévision d'une politique américaine moins prévisible.

Cybersécurité et Défense Nationale

Sous la direction de Trump, la cybersécurité devrait devenir un élément central de la défense nationale. Conscient de la menace croissante des cyberattaques provenant d'acteurs étatiques et non étatiques, l'administration Trump pourrait investir massivement dans des systèmes de défense cybernétique, l'intelligence artificielle et les infrastructures numériques. Cet investissement vise à protéger les infrastructures critiques des États-Unis, y compris les réseaux énergétiques, les institutions financières et les systèmes gouvernementaux. Cependant, l'accent mis sur une politique de défense plus autonome pourrait également signifier une réduction de la coordination avec les coalitions internationales en matière de cybersécurité, créant potentiellement des lacunes dans la protection mondiale. Les partisans de Trump estiment que cette initiative renforce la cybersécurité des États-Unis, mais certains experts avertissent que cela pourrait affaiblir la collaboration internationale essentielle pour contrer les menaces cybernétiques mondiales.

Géopolitique à l'ère Trump : nouvelles alliances et fractures

États-Unis vs. Chine : Une nouvelle guerre froide ?

La présidence renouvelée de Trump pourrait encore intensifier la relation déjà tendue entre les États-Unis et la Chine. En renforçant son objectif de contrer la montée en puissance de la Chine, Trump devrait prôner des sanctions économiques et technologiques plus strictes à l'encontre de Pékin. Cette rivalité pourrait évoluer vers une nouvelle « guerre froide », marquée par une intense compétition pour l'influence mondiale dans les domaines du commerce, de la technologie et de la défense. Avec l'insistance de Trump sur la limitation de l'accès de la Chine aux technologies avancées américaines, telles que les semi-conducteurs et l'intelligence artificielle, cette course technologique pourrait avoir des impacts de grande envergure sur l'innovation mondiale et la sécurité numérique. Les partisans estiment que ces mesures protègent les intérêts économiques et de sécurité nationale des États-Unis, tandis que les détracteurs s'inquiètent de la possibilité d'un paysage technologique mondial fragmenté et d'une coopération réduite sur des enjeux cruciaux comme le changement climatique et la sécurité sanitaire.

Recalibrer l'OTAN et la position de l'Europe

L'OTAN fait face à une période de réajustement avec le retour de Trump, qui a historiquement remis en question la valeur de l'organisation et critiqué les pays membres pour ne pas atteindre les objectifs de dépenses de défense. La position de Trump pourrait inciter les nations européennes à assumer davantage de responsabilités en matière de défense et à développer des mesures de sécurité indépendantes, réduisant ainsi leur dépendance au soutien des États-Unis. Certains dirigeants européens, en particulier ceux des pays directement affectés par l'influence russe, s'inquiètent d'un affaiblissement de l'OTAN. Parallèlement, des pays comme la France et l'Allemagne pourraient y voir une opportunité de renforcer une stratégie de défense européenne plus cohérente. Les partisans pensent que cela rendra l'Europe plus autonome, tandis que les sceptiques craignent que cela ne crée des vulnérabilités exploitables par les adversaires.

La Russie dans l'Amérique de Trump

L'approche de Trump envers la Russie pourrait conduire à un réchauffement des relations, avec une réduction possible des sanctions et un engagement diplomatique accru. Cette perspective a des implications importantes pour l'Europe et le Moyen- Orient, où l'influence de la Russie est particulièrement forte. Certains considèrent que des relations américano-russes améliorées pourraient offrir une opportunité de stabiliser des points chauds mondiaux comme la Syrie et l'Ukraine, tandis que d'autres estiment que cela pourrait encourager les ambitions russes et affaiblir la sécurité européenne. Les critiques de Trump craignent que des liens plus étroits avec la Russie n'affaiblissent la position des États-Unis sur les droits de l'homme et les valeurs démocratiques, en particulier en Europe de l'Est. Ses partisans, cependant, pensent que des relations constructives entre les États-Unis et la Russie pourraient apporter de la stabilité dans des régions minées par des conflits prolongés.

Le Moyen-Orient – Réalignement du pouvoir et de l'influence

Les politiques de Trump au Moyen-Orient devraient se concentrer sur un soutien appuyé aux alliés tels qu'Israël et l'Arabie saoudite, tout en exerçant une pression accrue sur les nations adverses, en particulier l'Iran. Son approche pourrait inclure une révision de l'accord nucléaire iranien pour imposer des conditions plus strictes ou une intensification des sanctions, ce qui pourrait tendre les relations américano- iraniennes et affecter la stabilité régionale. Le soutien de Trump aux intérêts géopolitiques d'Israël pourrait également entraîner des changements dans la reconnaissance diplomatique et les alliances au sein de la région. Certains pays du Moyen-Orient pourraient chercher à renforcer leurs liens avec les États-Unis pour des avantages sécuritaires et économiques, tandis que d'autres, comme la Turquie et l'Iran, pourraient se tourner vers la Russie ou la Chine comme contrepoids. Les partisans de la stratégie de Trump au Moyen-Orient soutiennent qu'elle favorise la stabilité et décourage le terrorisme, tandis que les critiques avertissent qu'elle pourrait accentuer les tensions régionales et aliéner des alliés de longue date.

L'Asie-Pacifique – Renforcer les alliances face à la montée en puissance de la Chine

L'administration Trump pourrait se concentrer sur le renforcement des alliances américaines dans la région Asie-Pacifique pour contrebalancer l'influence croissante de la Chine. Des pays comme le Japon, la Corée du Sud et l'Australie devraient recevoir un soutien diplomatique et de défense accru, incluant davantage d'exercices militaires conjoints et d'accords de sécurité. Trump pourrait également encourager ces alliés à augmenter leurs dépenses de défense, les alignant ainsi davantage sur les intérêts des États-Unis. En Asie du Sud-Est, des pays comme le Vietnam et les Philippines pourraient être incités à résister aux ambitions territoriales chinoises en mer de Chine méridionale, renforçant potentiellement les partenariats de sécurité régionaux. Les partisans considèrent cette stratégie comme essentielle pour maintenir un Indo-Pacifique libre et ouvert, tandis que les critiques estiment qu'elle risque d'escalader les tensions militaires et pourrait inciter certaines puissances régionales à se rapprocher de la Chine.

L'Amérique latine – Engagement sélectif et sécurité des frontières

Le retour de Trump pourrait entraîner un regain d'attention sur l'immigration et la sécurité des frontières, impactant les relations entre les États-Unis et l'Amérique latine.Des politiques axées sur un renforcement des contrôles aux frontières et une réduction de l'immigration pourraient tendre les relations avec le Mexique et les pays d'Amérique centrale, où la migration est une problématique socio-économique majeure. La position de Trump sur l'immigration latino- américaine pourrait conduire à des mesures de sécurité accrues et à une aide économique visant à décourager la migration en s'attaquant aux causes profondes.

De plus, son administration pourrait privilégier des accords commerciaux bilatéraux avec les nations d'Amérique latine selon des conditions favorables aux entreprises américaines, renforçant ainsi l'influence économique dans la région. Les partisans de ces politiques estiment qu'elles protègent les emplois américains et améliorent la sécurité des frontières, tandis que les critiques craignent qu'elles ne créent des tensions et n'entravent la coopération sur des questions régionales plus larges.

L'Afrique – Une approche pragmatique axée sur la sécurité et le commerce

In Africa, Trump's policy is likely to focus on pragmatic partnerships centered around security cooperation and trade, rather than extensive diplomatic engagement. This could mean supporting African nations with counter-terrorism efforts in regions like the Sahel, where extremist groups pose a threat to local stability. Trump's administration may also prioritize economic relationships in resource-rich countries, encouraging U.S. investments while seeking to reduce Chinese influence on the continent. While this approach may strengthen security and trade ties, critics argue it might neglect pressing issues such as human rights, development aid, and climate change adaptation. Proponents, however, believe that prioritizing security and economic interests aligns with America's national interests and promotes stability in volatile regions.

Changements culturels—L'Amérique et le monde à l'ère de Trump

Populisme et nationalisme mondiaux

La victoire de Trump représente un retour en force des idéologies populistes et nationalistes, qui résonnent avec des mouvements similaires dans le monde entier. Des dirigeants en Europe, en Amérique latine et en Asie pourraient voir les politiques de Trump comme une validation de leurs propres agendas nationalistes, entraînant une possible montée des leaders populistes à l'échelle mondiale. Des pays comme le Brésil, la Hongrie et la Pologne, où des dirigeants populistes ont déjà pris le pouvoir, pourraient se sentir renforcés dans la mise en place de politiques qui privilégient les intérêts nationaux au détriment de la coopération internationale. L'accent mis par Trump sur « L'Amérique d'abord » pourrait inspirer d'autres nations à adopter des positions similaires, remettant en cause le globalisme et s'opposant aux organisations multilatérales. Les partisans estiment que cette vague de nationalisme incite les pays à se concentrer sur l'autosuffisance, tandis que les critiques mettent en garde contre les risques de xénophobie, d'érosion des normes démocratiques et d'isolationnisme croissant.

Mouvements sociaux et protestations mondiales

Les politiques de l'administration Trump sur des questions telles que le changement climatique, l'immigration et les relations raciales pourraient susciter à la fois du soutien et de la résistance parmi les mouvements sociaux à travers le monde. La position de Trump sur les politiques environnementales pourrait stimuler l'activisme environnemental, notamment chez les jeunes et les organisations axées sur le climat qui s'opposent à son approche. Parallèlement, les politiques de Trump sur l'immigration et la sécurité des frontières pourraient dynamiser les défenseurs des droits de l'homme à l'échelle mondiale, entraînant des protestations et des campagnes visant à protéger les migrants et les réfugiés. Ces mouvements pourraient recevoir le soutien d'activistes qui considèrent les États-Unis comme un champ de bataille symbolique pour leurs causes. Tandis que certains estiment que ces mouvements témoignent de la force de l'expression démocratique, d'autres craignent que l'escalade des protestations ne conduise à un mécontentement social accru et à une polarisation.

Médias et désinformation

La relation conflictuelle de Trump avec les médias, couplée à son usage fréquent des réseaux sociaux pour communiquer directement avec ses partisans, a redéfini la dynamique des médias et la diffusion de l'information. Son deuxième mandat pourrait intensifier les débats mondiaux sur la liberté de la presse, la censure et la désinformation. La tendance de Trump à qualifier les couvertures médiatiques défavorables de « fausses informations » a influencé des dirigeants à travers le monde à adopter une rhétorique similaire, remettant en cause la liberté et la responsabilité journalistiques.

En réponse, les médias pourraient se retrouver à s'adapter à un environnement plus polarisé, où la confiance dans le journalisme traditionnel est en déclin. Les partisans de Trump affirment que sa communication directe donne aux citoyens un accès à des messages non filtrés, tandis que ses détracteurs estiment que cela contribue à une culture de la désinformation, de la méfiance et de la division politique.

Influence culturelle et rayonnement américain

L'impact culturel de la présidence de Trump va au-delà de la politique, touchant le divertissement, les médias et la mode, et façonnant la manière dont le soft power américain est perçu à l'échelle mondiale. La personnalité et le style de leadership de Trump ont été largement représentés dans les médias mondiaux, certains adoptant son audace tandis que d'autres critiquent sa rhétorique. Cette polarisation pourrait redéfinir l'influence culturelle des États-Unis, certains publics internationaux la voyant comme une source d'inspiration, tandis que d'autres la perçoivent comme un éloignement des valeurs américaines traditionnelles. De plus, les politiques de Trump sur l'exceptionnalisme américain et l'autosuffisance pourraient remodeler la perception du "rêve américain" à l'étranger, entraînant potentiellement de nouveaux récits sur l'opportunité, l'entrepreneuriat et l'individualisme. Tandis que les partisans de Trump considèrent ce changement culturel comme une revitalisation de la fierté américaine, ses détracteurs estiment qu'il pourrait aliéner des alliés qui, par le passé, regardaient les États-Unis comme un modèle de leadership inclusif.

Immigration et frontières – L'effet mondial des politiques de Trump

L'immigration aux États-Unis sous Trump

La position de Trump sur l'immigration a été un élément central de sa plateforme politique, avec des politiques axées sur le renforcement strict des frontières, la limitation des admissions de réfugiés et l'augmentation des processus de vérification pour les demandeurs d'asile. Son second mandat devrait poursuivre ces politiques, avec la possibilité d'étendre la construction de barrières physiques, de déployer des technologies de surveillance avancées et de renforcer les tribunaux d'immigration. Les partisans soutiennent que l'approche de Trump protège les emplois américains, la sécurité nationale et les ressources des contribuables en priorisant l'immigration légale. Les critiques, cependant, soulignent les préoccupations concernant les droits de l'homme, en pointant les difficultés rencontrées par les familles et les populations vulnérables affectées par ces politiques.

Les politiques d'immigration de Trump pourraient également influencer les discussions sur l'Action différée pour les arrivées d'enfants (DACA) et d'autres programmes offrant des protections de résidence. Les efforts pour mettre fin ou limiter ces programmes pourraient façonner les futurs débats sur l'immigration aux États-Unis, en particulier en ce qui concerne les voies d'accès pour les immigrés sans papiers déjà présents dans le pays. Les défenseurs des politiques de Trump considèrent ces mesures comme essentielles pour respecter l'état de droit, tandis que les opposants les perçoivent comme restrictives et potentiellement nuisibles à la diversité économique.

Les changements mondiaux de l'immigration

La position ferme de Trump sur l'immigration devrait influencer les discussions sur les politiques d'immigration dans le monde entier, car d'autres pays observant la manière dont les États-Unis gèrent le contrôle des frontières et les admissions de réfugiés. Les pays confrontés à des niveaux élevés de migration, tels que ceux de l'Union européenne, pourraient adopter des politiques similaires, axées sur la sécurité et limitant l'accueil des réfugiés. Dans les régions confrontées à des défis migratoires complexes, l'approche de Trump pourrait inspirer des politiques de frontières plus strictes et des mesures de filtrage renforcées.

Pour les pays voisins des États-Unis, notamment ceux d'Amérique latine, les politiques de Trump pourraient entraîner des effets sociaux et économiques significatifs. Avec l'augmentation des déportations et le renforcement de la sécurité aux frontières, des pays comme le Mexique, le Honduras et le Salvador pourraient se retrouver à devoir réintégrer les migrants renvoyés et gérer l'impact économique de la réduction des envois de fonds. Cela pourrait engendrer des tensions diplomatiques, ces pays devant faire face aux défis d'assister leurs citoyens affectés par l'application de l'immigration américaine. Les partisans estiment que chaque nation devrait prioriser ses citoyens, tandis que les critiques mettent en garde contre les crises humanitaires qui pourraient découler de telles mesures restrictives.

Sécurité des frontières mondiales

L'approche "America First" de Trump en matière de sécurité des frontières a déjà influencé d'autres pays à envisager des politiques similaires, de nombreux gouvernements resserrant leurs critères d'immigration pour prioriser les intérêts nationaux. L'accent mis par Trump sur les processus de vérification, notamment pour les régions touchées par le terrorisme, a inspiré des pays du monde entier à renforcer leurs propres protocoles de sécurité. Cela pourrait inclure des exigences de visa plus strictes, des initiatives accrues de partage de renseignements et l'adoption de technologies de surveillance le long des frontières.

De plus, les politiques de Trump pourraient influencer le discours mondial sur l'immigration en amplifiant les voix de ceux qui considèrent l'immigration comme un risque potentiel pour la sécurité. Le tournant vers un nationalisme et un protectionnisme renforcés pourrait entraîner une redéfinition plus large de la "sécurité des frontières", les pays cherchant à équilibrer leurs engagements humanitaires et leurs priorités en matière de défense nationale. Les partisans affirment que cette tendance répond à un besoin de frontières plus solides pour lutter contre les menaces à la sécurité, tandis que les critiques soutiennent qu'elle risque de nuire à la coopération mondiale en matière de migration et de droits de l'homme.

L'ascension des politiques d'immigration nationalistes

Le retour de Trump à la présidence pourrait encourager l'adoption de politiques nationalistes au-delà des frontières américaines, les dirigeants du monde entier utilisant une rhétorique similaire pour présenter l'immigration comme un enjeu de sécurité nationale et économique. Les pays européens confrontés à des pressions migratoires en provenance du Moyen-Orient et d'Afrique du Nord pourraient se tourner vers les politiques de Trump pour s'inspirer, envisageant de resserrer leurs frontières et de mettre en place des protocoles de filtrage plus rigoureux.

Dans certains cas, cette posture nationaliste pourrait entraîner une réduction de la coopération internationale en matière de réinstallation des réfugiés, les nations privilégiant leur stabilité interne plutôt que les enjeux mondiaux de migration. Les pays confrontés à des défis démographiques pourraient se retrouver à faire des choix difficiles, pesant les avantages d'une migration contrôlée contre l'opinion publique qui favorise des restrictions. Alors que les partisans soutiennent que des politiques d'immigration plus strictes peuvent protéger les emplois et maintenir la cohésion sociale, les opposants avertissent qu'elles pourraient éroder les valeurs fondamentales de solidarité mondiale et de responsabilité humanitaire.

Technologie et innovation – La domination technologique mondiale de l'Amérique sous Trump

Guerres Technologiques avec la Chine et Autres Countries

Le retour de Trump à la présidence devrait intensifier la rivalité technologique entre les États-Unis et la Chine, avec un accent renouvelé sur le maintien de la domination américaine dans des secteurs clés tels que l'intelligence artificielle (IA), la 5G, les semi-conducteurs et la biotechnologie. Son administration pourrait imposer des contrôles d'exportation plus stricts, inscrire des entreprises technologiques chinoises sur liste noire et augmenter le financement de la recherche dans des domaines de pointe pour s'assurer que les États-Unis conservent leur avance technologique. Les partisans de Trump affirment que son approche ferme protégera la propriété intellectuelle américaine, réduira la dépendance à la technologie étrangère et contrera les ambitions de la Chine de devenir le leader mondial de la technologie.

Sous Trump, les États-Unis pourraient nouer des partenariats avec des alliés partageant les mêmes idées, tels que le Japon, la Corée du Sud et les nations européennes, pour créer une coalition contre la domination technologique de la Chine. Cette alliance pourrait conduire à des investissements communs dans les technologies émergentes et à un réajustement des chaînes d'approvisionnement mondiales pour réduire la dépendance à l'égard de la Chine. Tandis que les partisans estiment que ces mesures sont nécessaires pour protéger la sécurité nationale, les critiques s'inquiètent du fait que ces tensions technologiques accrues pourraient entraîner un internet fragmenté, freiner l'innovation et augmenter les coûts pour les consommateurs à l'échelle mondiale.

Réglementation Technologique aux États-Unis

La position de Trump sur la réglementation technologique devrait mettre l'accent sur la déréglementation, permettant aux entreprises technologiques américaines d'opérer avec une interférence gouvernementale minimale. Son administration pourrait continuer de s'opposer à des lois sur la protection des données similaires au Règlement général sur la protection des données (RGPD) de l'Europe, arguant que ces règles freinent l'innovation et génèrent des coûts de conformité excessifs pour les entreprises. Au lieu de cela, Trump pourrait promouvoir des lignes directrices volontaires sur la confidentialité des données, la cybersécurité et le développement de l'IA, encourageant l'autorégulation des entreprises plutôt qu'une surveillance stricte du gouvernement.

Cependant, l'administration Trump pourrait imposer des régulations ciblées sur les entreprises de médias sociaux et les plateformes perçues comme biaisées contre les voix conservatrices. Cela pourrait impliquer des modifications de la Section 230, une loi qui accorde une immunité aux plateformes en ligne pour le contenu généré par les utilisateurs. Les critiques de Trump avertissent que de telles mesures pourraient saper la liberté d'expression et accroître la polarisation sur les médias sociaux, tandis que ses partisans estiment qu'elles permettent d'équilibrer les conditions de concurrence et de rendre les entreprises technologiques responsables de leurs pratiques de modération de contenu.

Concurrence Mondiale en Matière d'Innovation

Les politiques de Trump pourraient affecter la collaboration et la concurrence mondiales dans le développement technologique. En privilégiant l'innovation et les investissements américains, l'administration Trump pourrait inciter la recherche et le développement basés aux États-Unis grâce à des allégements fiscaux, des subventions et des initiatives éducatives axées sur les domaines STEM (sciences, technologie, ingénierie et mathématiques). Cette approche pourrait stimuler l'innovation dans des secteurs tels que l'IA, la robotique et la biotechnologie, donnant ainsi aux entreprises américaines un avantage sur leurs concurrentes étrangères.

À l'échelle mondiale, les politiques de Trump pourraient encourager d'autres pays à renforcer leurs propres industries technologiques pour rester compétitifs, entraînant ainsi une course à la domination dans les domaines émergents. Les nations européennes et asiatiques pourraient augmenter leurs financements pour l'IA, l'informatique quantique et les technologies vertes, créant ainsi un paysage technologique plus multipolaire. Les partisans de l'approche de Trump considèrent cette concurrence comme saine, estimant qu'elle conduira à des avancées plus rapides dans les sciences et la technologie. Cependant, les critiques soutiennent qu'un monde technologique plus fragmenté pourrait nuire à la collaboration mondiale sur des enjeux cruciaux tels que le changement climatique, la cybersécurité et la santé publique.

Impact sur les Géants Technologiques Américains

Sous l'approche dérégulatoire de Trump, les géants technologiques américains comme Google, Apple, Amazon et Facebook pourraient trouver des opportunités pour se développer davantage, libérés des contraintes d'une surveillance réglementaire excessive. Cela pourrait entraîner une croissance accélérée dans des secteurs comme le commerce électronique, l'informatique en nuage et la publicité numérique, avec les entreprises américaines consolidant leur domination sur le marché mondial. Cependant, la volonté de Trump de s'attaquer au biais perçu sur les réseaux sociaux pourrait mettre ces entreprises sous pression pour revoir leurs politiques de modération, ce qui pourrait entraîner des changements dans les algorithmes de contenu et l'expérience utilisateur.

Les partisans estiment que les politiques de Trump favoriseront les géants technologiques américains, créant des emplois et renforçant l'économie, tandis que les critiques mettent en garde contre la croissance incontrôlée qui pourrait mener à des pratiques monopolistiques, des problèmes de confidentialité des données et des choix limités pour les consommateurs. De plus, en favorisant les entreprises américaines, les politiques de Trump pourraient entraîner des tensions commerciales avec l'Europe, qui a critiqué la domination technologique américaine et imposé des mesures antitrust à certaines de ces entreprises. Cela pourrait conduire à un environnement réglementaire plus complexe pour les entreprises technologiques américaines opérant à l'étranger, avec des amendes potentielles et des batailles juridiques.

Encourager l'Innovation nationale et le développement de la main-d'œuvre

Le second mandat de Trump pourrait inclure des politiques visant à renforcer les filières de talents domestiques afin de garantir que les États-Unis restent compétitifs dans les industries de haute technologie. Cela pourrait impliquer de nouveaux investissements dans l'éducation STEM (sciences, technologies, ingénierie et mathématiques), les apprentissages et les programmes de développement de la main-d'œuvre pour doter les Américains des compétences nécessaires dans l'économie numérique. Les partisans de ces initiatives estiment qu'elles rendront la main-d'œuvre américaine plus adaptable et résiliente, permettant ainsi aux entreprises américaines de rester à la pointe de l'innovation.

En promouvant les talents nationaux, l'administration Trump pourrait réduire la dépendance vis-à-vis des travailleurs étrangers dans le secteur technologique, en répondant aux préoccupations concernant des programmes de visa tels que le H-1B. Tandis que les défenseurs de cette approche estiment qu'elle créera davantage d'opportunités pour les travailleurs américains, les critiques affirment que limiter l'immigration qualifiée pourrait freiner l'innovation et réduire la diversité des idées qui a historiquement stimulé l'industrie technologique des États-Unis.

Politique environnementale — Les conséquences mondiales de la position de Trump sur le climat

Les conséquences du retrait de l'Accord de Paris

La décision de Trump, lors de son premier mandat, de se retirer de l'Accord de Paris sur le climat a été l'une de ses mesures environnementales les plus controversées, positionnant les États-Unis comme un outsider dans l'effort mondial pour lutter contre le changement climatique. Lors de son second mandat, la position de Trump sur la politique climatique continue de privilégier les priorités économiques par rapport aux engagements environnementaux, en mettant l'accent sur la protection des industries américaines contre ce qu'il considère comme des réglementations internationales restrictives. Son refus de rejoindre à nouveau l'Accord de Paris signale la poursuite de cette approche, ses partisans arguant que l'Accord impose un fardeau économique injuste aux États-Unis tout en permettant à d'autres pays, notamment la Chine et l'Inde, de contribuer massivement aux émissions mondiales sans restrictions comparables.

L'absence de leadership des États-Unis dans l'Accord de Paris pourrait affaiblir son influence et son efficacité, car d'autres pays pourraient suivre l'exemple des États- Unis en privilégiant les intérêts économiques nationaux par rapport aux objectifs environnementaux. Bien que certains pays restent engagés dans l'Accord, le manque d'unité pourrait freiner les progrès mondiaux sur le changement climatique. Les critiques de l'approche de Trump soutiennent que le changement climatique nécessite une action collective et qu'en l'absence des États-Unis, les efforts pour réduire les émissions mondiales seront insuffisants. Les partisans, en revanche, estiment que se concentrer sur les intérêts nationaux encouragera l'innovation dans les technologies plus propres sans compromettre la croissance économique.

ELes conséquences du retrait de l'Accord de Paris

La politique énergétique de Trump est centrée sur la promotion de l'indépendance énergétique grâce à une production accrue de combustibles fossiles, notamment le charbon, le pétrole et le gaz naturel. Son administration considère que la production d'énergie nationale est essentielle pour la stabilité économique, la création d'emplois et la sécurité nationale. Bien que les sources d'énergie renouvelables comme l'éolien et le solaire continuent de se développer, Trump reste concentré sur la réduction des réglementations sur les industries énergétiques traditionnelles, le soutien aux mineurs de charbon et l'expansion des droits de forage, y compris dans des zones précédemment protégées.

La position de Trump sur la production d'énergie a des répercussions mondiales, notamment pour les pays dont les économies dépendent fortement des exportations de pétrole. En augmentant la production américaine, Trump pourrait faire baisser les prix mondiaux du pétrole, affectant des pays du Moyen-Orient et la Russie.

De plus, la priorité donnée par les États-Unis aux combustibles fossiles pourrait ralentir la transition vers les énergies renouvelables à l'échelle mondiale, d'autres pays pouvant interpréter la politique américaine comme un signal indiquant que les sources d'énergie traditionnelles sont encore économiquement viables. Les critiques soutiennent que cela pourrait aggraver la crise climatique en augmentant les émissions de carbone, tandis que les partisans répliquent qu'une approche équilibrée permet aux pays de poursuivre des solutions énergétiques abordables favorisant le développement économique.

Protestations environnementales et activisme mondial

Les politiques environnementales de Trump et sa révision des réglementations ont suscité un activisme significatif, tant au niveau national qu'international. Son deuxième mandat pourrait voir un renouveau des protestations climatiques, tant aux États-Unis qu'à l'étranger, alors que des groupes environnementaux, des militants jeunes et des organisations progressistes appellent à des actions urgentes contre le changement climatique. Des organisations comme Extinction Rebellion et Fridays for Future, dirigées par des militants jeunes comme Greta Thunberg, devraient intensifier leurs efforts, mobilisant un soutien mondial pour des politiques climatiques plus strictes et protestant contre les pays perçus comme obstruant les progrès environnementaux.

La position de Trump pourrait inspirer des contre-mouvements à travers le monde, certains pays prenant des mesures plus agressives sur les questions climatiques pour combler le vide de leadership laissé par les États-Unis. À l'inverse, d'autres pays pourraient se sentir autorisés à assouplir leurs engagements environnementaux, suivant l'exemple de Trump. Cette division pourrait entraîner une approche fragmentée de l'action climatique, certains pays progressant dans les énergies renouvelables et les efforts de conservation, tandis que d'autres maintiennent, voire augmentent, leur dépendance aux combustibles fossiles. Les partisans de l'approche de Trump soutiennent que l'innovation grassroots et les solutions axées sur le marché traiteront les défis environnementaux plus efficacement que les mandats gouvernementaux, tandis que les critiques estiment qu'une action mondiale coordonnée est essentielle pour faire face à la crise.

Débats sur le climat et l'économie

L'approche de Trump en matière de politique climatique repose sur la conviction que la croissance économique et la protection de l'environnement ne devraient pas être incompatibles, et que les réglementations gouvernementales imposent souvent des coûts excessifs aux entreprises et aux consommateurs. Ses politiques privilégient les gains économiques, arguant qu'en réduisant les réglementations sur les industries, les États-Unis peuvent rester compétitifs sur le marché mondial tout en travaillant simultanément à des solutions énergétiques plus propres par l'innovation plutôt que par des contraintes réglementaires. Les partisans des politiques de Trump soutiennent qu'une économie robuste peut entraîner de meilleurs résultats environnementaux en finançant des avancées technologiques et des méthodes de production d'énergie plus efficaces.

Cependant, les critiques soutiennent que la croissance économique aux dépens de la santé environnementale est insoutenable et que l'approche de Trump pourrait entraîner des dommages à long terme pour les ressources naturelles et les écosystèmes. Ils estiment qu'une action immédiate contre le changement climatique est nécessaire pour atténuer les événements météorologiques extrêmes, la montée du niveau de la mer et d'autres risques environnementaux. Le débat sur la politique climatique de Trump met en lumière la tension mondiale plus large entre le développement et la conservation, chaque côté présentant des visions différentes de la manière de concilier prospérité économique et gestion environnementale.

L'avenir de la gouvernance mondiale— Le rôle de l'Amérique dans un monde en mutation

Le leadership des États-Unis dans le monde post-2024

Sous le retour de Trump au pouvoir, le rôle de l'Amérique dans la gouvernance mondiale évolue d'une manière qui remet en question les alliances traditionnelles et favorise une approche plus "America First" de la coopération internationale. La position de Trump met l'accent sur la souveraineté des États-nations et s'oppose souvent aux organisations supranationales qui, selon lui, pourraient compromettre les intérêts nationaux. Ses partisans considèrent cela comme une recalibration nécessaire, arguant que les administrations précédentes ont trop privilégié les agendas globalistes au détriment des citoyens américains et de leurs intérêts économiques.

L'approche de leadership de Trump redéfinit la relation des États-Unis avec des organisations telles que les Nations Unies, l'OTAN et l'Organisation mondiale du commerce (OMC). Lors de son deuxième mandat, Trump pourrait continuer à plaider pour des réformes significatives au sein de ces organismes, en appelant à des contributions financières plus équitables et en remettant en question leur efficacité. Alors que certains estiment que cette approche affaiblit la coopération mondiale, les partisans de Trump croient qu'en insistant sur des conditions équitables, l'Amérique peut renforcer sa position sans être trop accablée par les obligations multilatérales.

L'ascension de l'autoritarisme

Le retour de Trump au pouvoir est perçu par certains comme faisant partie d'une tendance mondiale plus large vers le populisme et l'autoritarisme, caractérisée par des dirigeants qui privilégient les intérêts nationaux, restreignent certaines libertés et adoptent souvent une posture plus confrontante envers l'opposition politique. L'exemple de Trump renforce les dirigeants de pays comme la Hongrie, le Brésil et la Turquie, où les mouvements populistes et nationalistes ont pris de l'ampleur, redéfinissant les paysages politiques et remettant en question les normes démocratiques libérales.

Les critiques affirment que le succès de Trump pourrait entraîner un affaiblissement des institutions démocratiques dans le monde entier, alors que d'autres pays suivraient son exemple en adoptant des politiques de plus en plus autoritaires. Cependant, ses partisans soutiennent qu'une gouvernance forte et centralisée est essentielle en période de turbulences, surtout lorsque les systèmes politiques traditionnels échouent à résoudre des problèmes urgents tels que l'immigration, les disparités économiques et la sécurité nationale. Le débat autour de l'influence de Trump met en évidence la tension entre les idéaux démocratiques libéraux et l'essor de la gouvernance populiste à l'échelle mondiale.

20

Un nouvel ordre mondial

Trump's second term has implications for the global balance of power, with the U.S., China, and Russia positioned as the primary players in a shifting geopolitical landscape. Trump's "America First" policy could lead to a recalibration of alliances, with the U.S. prioritizing bilateral relationships over multilateral commitments. This shift may encourage other nations to strengthen regional alliances and build alternative coalitions outside of traditional U.S.-led structures, potentially reducing American influence in some regions.

China and Russia, in particular, may view Trump's approach as an opportunity to expand their influence, especially in areas where the U.S. has traditionally held sway, such as Europe, Latin America, and parts of Africa. Trump's critics argue that this power shift could undermine the U.S.'s position as a global leader, while supporters argue that a more focused and strategic approach will ultimately serve American interests more effectively. This potential shift represents a defining moment in international relations, with new alliances and coalitions shaping the future of global governance.

Redéfinir les institutions multilatérales

Le second mandat de Trump aura des répercussions sur l'équilibre mondial des pouvoirs, avec les États-Unis, la Chine et la Russie positionnés comme les principaux acteurs d'un paysage géopolitique en mutation. La politique "America First" de Trump pourrait conduire à une recalibration des alliances, les États-Unis privilégiant les relations bilatérales par rapport aux engagements multilatéraux. Ce changement pourrait encourager d'autres nations à renforcer les alliances régionales et à construire des coalitions alternatives en dehors des structures traditionnelles dirigées par les États-Unis, réduisant potentiellement l'influence américaine dans certaines régions.

La Chine et la Russie, en particulier, pourraient voir l'approche de Trump comme une opportunité d'élargir leur influence, notamment dans des domaines où les États-Unis ont traditionnellement exercé une emprise, comme l'Europe, l'Amérique latine et certaines parties de l'Afrique. Les critiques de Trump soutiennent que ce changement de pouvoir pourrait affaiblir la position des États-Unis en tant que leader mondial, tandis que ses partisans affirment qu'une approche plus ciblée et stratégique servira finalement mieux les intérêts américains. Ce potentiel changement représente un moment décisif dans les relations internationales, avec de nouvelles alliances et coalitions façonnant l'avenir de la gouvernance mondiale.

Le rôle de l'Amérique dans la définition des politiques internationales futures

Bien que l'approche de Trump soit souvent décrite comme unilatérale et confrontante, il est évident que son second mandat aura un impact sur le développement des politiques internationales futures. Les États-Unis devraient se concentrer sur la sécurisation des accords commerciaux, l'avancement des normes en matière de cybersécurité et l'influence des pratiques financières mondiales par le biais d'initiatives dirigées par les États-Unis, plutôt que par des alliances larges et inclusives. Les politiques de Trump incitent les pays à donner la priorité à leurs intérêts et à s'adapter à un monde où le leadership américain est moins prévisible, favorisant un environnement où des politiques agiles et réactives deviennent essentielles.

Les partisans estiment que ce changement pourrait mener à une approche plus pragmatique de la gouvernance mondiale, où les nations négocient directement et se concentrent sur des avantages mutuels clairs. Les critiques, cependant, craignent que l'érosion de la prise de décision collective n'entraîne une instabilité accrue, les pays se livrant une concurrence pour exercer leur influence dans un monde de plus en plus multipolaire.

Un Monde Transformé

L'héritage de Trump

Le second mandat de Trump promet d'avoir un impact durable, non seulement sur l'Amérique, mais aussi sur le monde. Ses politiques remettent en question des normes politiques de longue date, redéfinissent les stratégies économiques et redéfinissent le rôle de l'Amérique dans la gouvernance mondiale. Pour ses partisans, l'héritage de Trump réside dans un nouveau focus sur les intérêts américains, créant une nation plus autonome et indépendante qui inspire les autres à donner la priorité à la souveraineté nationale. Pour ses détracteurs, l'approche de Trump risque de favoriser la division, d'affaiblir les alliances et d'éroder la coopération internationale à un moment où les enjeux mondiaux nécessitent des réponses unifiées.

Que Pouvons-Nous Esperer?

À mesure que l'Amérique et le monde avancent, l'impact du leadership de Trump résonnera à travers les paysages politiques, économiques et culturels. L'avenir des relations internationales, du commerce, de la sécurité et des politiques environnementales sera façonné par les choix faits pendant cette période, à mesure que les nations s'adaptent à un ordre mondial transformé. Que le second mandat de Trump soit perçu comme une période de résurgence américaine ou comme une époque de bouleversements sans précédent, ses conséquences se feront probablement sentir pendant des années à venir.

Références Bibliographiques

Références Bibliographiques

•Applebaum, Anne. Twilight of Democracy: The Seductive Lure of Authoritarianism. New York: Doubleday, 2020.

•Explores the global rise of authoritarianism and its impact on democratic institutions, relevant for discussions on U.S. leadership and global governance.

•BBC News. "US-China Relations Under Trump: A Trade War and Beyond." BBC News, updated regularly.

•Provides an overview of the trade policies and economic tensions between the U.S. and China under Trump, useful for Chapter 2 on Global Trade and Economics.

•Council on Foreign Relations. Trump's Foreign Policy Moments (various articles). Council on Foreign Relations website, updated regularly.

•This resource includes analyses and reports on Trump's foreign policy shifts and their impact on alliances and global security.

•Drezner, Daniel W. The Toddler in Chief: What Donald Trump Teaches Us About the Modern Presidency. Chicago: University of Chicago Press, 2020.

•A detailed look at Trump's leadership style and its effect on U.S. domestic and foreign policy.

•Fukuyama, Francis. Identity: The Demand for Dignity and the Politics of Resentment. New York: Farrar, Straus, and Giroux, 2018.

•Examines global trends of populism and nationalism, helping to contextualize domestic and international responses to Trump's presidency.

•Harvard Business Review. "The Impact of Trade Wars on the Global Economy." Harvard Business Review, 2020.

•An analysis of the economic consequences of trade wars, which is relevant to the discussions of U.S. economic policies and international trade impacts.

•Klein, Ezra. Why We're Polarized. New York: Avid Reader Press, 2020.

•Discusses the increasing polarization within the United States, particularly relevant to Chapter 1 on the social fabric under Trump's presidency.

•Kissinger, Henry. World Order. New York: Penguin Books, 2014.

•A foundational text for understanding global power structures and the dynamics of international relations, providing background for U.S. geopolitical strategies.

Références Bibliographiques

•National Security Council. "Cybersecurity and Emerging Threats in the 21st Century." National Security Strategy, 2020.

•Covers strategies for national defense and cybersecurity, relevant to Chapter 4 on security and defense.

•The Brookings Institution. "Trump's America First Policy and Its Global Impact." Brookings Institution Report, 2021.

•Analysis of the implications of the America First policy for international relations and trade.

•Wang, Huiyao. "China-U.S. Relations in the Trump Era: Competition or Cooperation?" Journal of Contemporary China, 29(123), 2020.

•An academic analysis of U.S.-China relations under the Trump administration, providing insights for trade and geopolitical discussions in Chapter 2.

•World Economic Forum. Global Risk Report. World Economic Forum, 2023.

•An annual report that outlines global risks and trends, particularly valuable for understanding economic and political shifts discussed in Chapter 10.

www.ingramcontent.com/pod-product-compliance
Lightning Source LLC
Chambersburg PA
CBHW051707250726

48653CB00007B/2908